〔東漢〕袁康 〔東漢〕吴平 著

越絶書

文華叢書

廣陵書社

中國·揚州

圖書在版編目（CIP）數據

越絶書 / （東漢）袁康，（東漢）吴平著. -- 揚州 : 廣陵書社，2023.11
（文華叢書）
ISBN 978-7-5554-2145-0

Ⅰ. ①越… Ⅱ. ①袁… ②吴… Ⅲ. ①中國歷史－吴國（?-前473）－史料②中國歷史－越國（?-前306）－史料 Ⅳ. ①K225.04

中國國家版本館CIP數據核字（2023）第206089號

ISBN 978-7-5554-2145-0

越絶書

著者 〔東漢〕袁康 〔東漢〕吴平
責任編輯 白星飛
出版人 曾學文
出版發行 廣陵書社
社址 揚州市四望亭路2-4號
郵編 二二五〇〇一
電話 （〇五一四）八五二二八〇八一（總編辦） 八五二二八〇八八（發行部）
印刷 常州市金壇古籍印刷廠有限公司
版次 二〇二三年十一月第一版
印次 二〇二三年十一月第一次印刷
標準書號 ISBN 978-7-5554-2145-0
定價 壹佰貳拾捌圓整（全貳册）

http://www.yzglpub.com E-mail:yzglss@163.com

文華叢書序

時代變遷，經典之風采不衰；文化演進，傳統之魅力更著。古人有登高懷遠之慨，今人有探幽訪勝之思。在印刷裝幀技術日新月異的今天，國粹綫裝書的踪迹愈來愈難尋覓，給傾慕傳統的讀書人帶來了不少惆悵和遺憾。我們編印《文華叢書》，實是爲喜好傳統文化的士子提供精神的享受和慰藉。

叢書立意是將傳統文化之精華萃于一編。以内容言，所選均爲經典名著，自諸子百家、詩詞散文以至蒙學讀物、明清小品，咸予收羅，經數年之積纍，已蔚然可觀。以形式言，則採用激光照排，文字大方，版式疏朗，宣紙精印，綫裝裝幀，讀來令人賞心悦目。同時，爲方便更多的讀者購買，復盡量降低成本、降低定價，好讓綫裝珍品更多地進入尋常百姓人家。

可以想象，讀者于忙碌勞頓之餘，安坐窗前，手捧一册古樸精巧的綫裝書，細細把玩，静静研讀，如沐春風，如品醇釀……此情此景，令人神往。

讀者對于綫裝書的珍愛使我們感受到傳統文化的魅力。近年來，叢書中的許多品種均一再重印。爲方便讀者閱讀收藏，特進行改版，將開本略作調整，擴大成書尺寸，以使版面更加疏朗美觀。相信《文華叢書》會贏得越來越多讀者的喜愛。有《文華叢書》相伴，可享受高品位的生活。

廣陵書社編輯部

二〇一五年十一月

出版説明

《越絶書》是記載古代吴越歷史的重要典籍，它所記載的史事，以吴越兩國的興亡史爲主綫，書中言『絶者，絶也。謂句踐時也』，記載史事至越王句踐而絶，故稱『越絶書』。而書中亦記載句踐以後乃至漢代之事，如余嘉錫《四庫提要辯證》中所説，『蓋戰國後人所爲，而漢人又附益之耳』。

《越絶書》原有十六卷，二十五篇，其中内傳八篇，外傳十七篇，在流傳過程中散佚六篇。此書今存十五卷，十九篇。首

篇爲序，末篇爲跋，中間十七篇爲正文，《越絶書》跋稱『《越絶》始於《太伯》，終於《陳恒》』。此書記載春秋戰國時期吴越地區的歷史沿革、城市建設、山川河流、人物、物産和風俗等，其體例類似於後世的方志。清畢沅《醴泉縣志序》和洪亮吉《澄城縣志序》中都説『一方之志，始於《越絶》』。范文瀾《中國通史簡編》中説：『東漢會稽郡人趙曄著《吴越春秋》，又有無名氏著《越絶書》，兩書專記本地典故，開方志之先例。』《越絶書》更是被譽爲『地方志鼻祖』。

《越絶書》雖爲雜史，却是研究吴越歷史的重要參考文獻，

書中對於吳越歷史的記載較之《左傳》《國語》《史記》等典籍更爲詳細，可補正史記載之闕。《越絶書》中保存有大量吳越地區的早期史料，内容豐富，詳細記載伍子胥相吳，助吳國稱霸諸侯；越王句踐經『十年生聚』『十年教訓』，興越滅吳，逐鹿中原；子貢『説齊以安魯』『亂齊，破吳，興晉，彊越』等史事，特别注重對伍子胥、句踐、子貢、范蠡、文種、計倪等人外交軍事活動的記載，内容涉及權謀、兵法，因此有研究者認爲《越絶書》是『復仇之書』。此外，《越絶書》卷二《越絶外傳記吳地傳》和卷八《越絶外傳記地傳》兩篇記載吳越地區山川、地理、農業、水利、物産等，涉及大量吳越的地名、歷史遺跡，對農業史、歷史地理研究具有很高的參考價值。卷十一《越絶外傳記寶劍》歷來受到較多關注，該篇記載春秋戰國時期著名鑄劍師歐冶子、干將所鑄名劍以及與名劍相關的傳説，也爲中國冶鐵技術發展史研究提供了綫索，如今的一些民間傳説也出自該篇。由此可見《越絶書》影響之大。

關於《越絶書》的作者，歷來存在較大争議，原書中稱『吳越賢者所作也』，又言『或以爲子貢所作』『一説蓋是子胥所作也』，後人著録此書時，亦多沿襲此説，《隋書》《舊唐書》《新唐書》都認爲是子貢所作。也有人對此説提出過質疑，直至明代楊慎根據《越絶書》卷末隱語『以去爲姓，得衣乃成。厥名有米，覆之以庚。禹來東征，死葬其疆』，『邦賢以口爲姓，丞之以天。楚相屈原，與之同名』，推測此書作者爲會稽人袁康、吴平。後世學者多從楊慎之説，《四庫全書總目》肯定此説，又因其爲官修之書，使得此説影響深遠，如今可見的《越絶書》整理本大多都將袁康、吴平列爲作者。但研究者亦有諸多不同看法，如余嘉錫《四庫提要辯證》認爲《越絶書》並非純出自袁康、吴平之手，『此書非一時一人所作』，此説較爲公允，也爲學界普遍接受。

《越絶書》的宋元版本，據前人的著述，所知較早的有嘉定十三年（一二二〇）東徐丁黼刊本、嘉定十七年（一二二四）汪綱紹興刻本和元大德十年（一三〇六）紹興路刊本，這些刻本至今皆已不存，今存最早的版本爲明刻本，此次整理以明嘉靖三十三年（一五五四）張佳胤雙柏堂刻本爲底本，參照明嘉靖二十六年（一五四七）陳塏刊本、四部叢刊影印烏程劉氏嘉業堂藏明刊本、樂祖謀《越絶書》點校本、李步嘉《越絶書校釋》等，擇善而從，力求使本書的内容更加準確、合理。此次將本書收入『文華叢書』，希望能爲讀者們提供具有一定閱讀、參考、收藏價值的《越絶書》讀本。

廣陵書社編輯部

二〇二三年十一月

目録

越絕書

越絶書

越絶外傳本事第一

問曰：『何謂《越絶》?』『越者，國之氏也。』『何以言之?』『按《春秋》序齊魯，皆以國爲氏姓，是以明之。絶者，絶也。謂句踐時也。當是之時，齊將伐魯，孔子耻之，故子貢説齊以安魯。子貢一出，亂齊，破吴，興晉，彊越。其後賢者辯士，見夫子作春秋而略吴越，又見子貢與聖人相去不遠，脣之與齒，表之與裏，蓋要其意，覽史記而述其事也。』

問曰：『何不稱《越經書記》，而言絶乎?』曰：『不也。絶者，絶也。句踐之時，天子微弱，諸侯皆叛。於是句踐抑彊扶弱，絶惡反之於善，取舍以道，沛歸於宋，浮陵以付楚，臨沂、開陽，復之於魯。中國侵伐，因斯衰止。以其誠在於内，威發於外，越專其功，故曰《越絶》。故作此者，貴其内能自約，外能絶人也。賢者所述，不可斷絶，故不爲記明矣。』

問曰：『桓公九合諸侯，一匡天下，任用賢者，誅服彊楚，何不言《齊絶》乎?』曰：『桓公，中國。兵彊霸世之後，威凌諸侯，服彊楚，此正宜耳。夫越王句踐，東垂海濱，夷狄文身，躬而自苦，任用賢臣，轉死爲生，以敗爲成。越伐疆吳，尊事周室，行霸琅邪，躬自省約，率道諸侯，貴其始微，終能以霸，故與越專其功而有之也。』

問曰：『然越專其功而有之，何不第一，而卒本吳太伯爲？』曰：『小越而大吳。』『小越大吳奈何？』曰：『吳有子胥之教，霸世甚久。北陵齊、楚，諸侯莫敢叛者，乘，薛、許、邾、婁、莒旁轂趨走，越王句踐屬芻莝養馬，諸侯從之，若果中之李。反邦七年，焦思苦身，克己自責，任用賢人。越伐疆吳，行霸諸侯，故不使越第一者，欲以貶大吳，顯弱越之功也。』

問曰：『吳亡而越興，在天與？在人乎？』『皆人也。夫差失道，越亦賢矣。濕易雨，饑易助。』曰：『何以知獨在人乎？』『子貢與夫子坐，告夫子曰：「太宰死。」夫子曰：「不死也。」如是者再。子貢再拜而問：「何以知之？」夫子曰：「天生宰嚭者，欲以亡吳。吳今未亡，宰何病乎？」後人來言不死。聖人不妄言，是以明知越霸矣。』『何以言之？』曰：『種見蠡之時，相與謀道：「東南有霸兆，不如往仕。」相要東游，入越而止。賢者不妄言，以是知之焉。』

問曰：『《越絕》誰所作？』『吳越賢者所作也。當此之時，見夫子删《書》作《春秋》，定王制，賢者嗟嘆，决意覽史記，成就其事。』

問曰：『作事欲以自著，今但言賢者，不言姓字何？』曰：『是人有大雅之才，直道一國之事，不見姓名，小之辭也。或以爲子貢所作，當挾四方，不當獨在吳越。其在吳越，亦有因矣。此時子貢爲魯使，或至齊，或至吳。其後道事以吳越爲喻，國人承述，故直在吳越也。當是之時，有聖人教授六藝，删定五經，七十二子，養徒三千，講習學問魯之闕門。《越絶》，小藝之文，固不能布於四方，焉有誦述先聖賢者，所作未足自稱，載列姓名，直斥以身者也？一説蓋是子胥所作也。夫人情，泰而不作，窮則怨恨，怨恨則作，猶詩人失職怨恨，憂嗟作詩也。子胥懷忠，不忍君沈惑於讒，社稷之傾。絶命危邦，不顧長生，切切争諫，終不見聽。憂至患致，怨恨作文。不侵不差，抽引本末。明己無過，終不遺力。誠能極智，不足以身當之，嫌於求譽，是以不著姓名，直斥以身者也。後人述而説之，仍稍成中外篇焉。』

問曰：『或經或傳，或内或外，何謂？』曰：『經者論其事，傳者道其意，外者，非一人所作，頗相覆載。或非其事，引類以託意。説之者見夫子删《詩》《書》，就經《易》，亦知小藝之復重。又各辯士所述，不可斷絶。小道不通，偏有所期。明説者不專，故删定復重，以爲中外篇。』

越絶卷第一

越絶荆平王内傳第二

昔者，荆平王有臣伍子奢。奢得罪於王，且殺之，其二子出走，伍子尚奔吴，伍子胥奔鄭。王召奢而問之，曰：『若召子，孰來也？』子奢對曰：『王問臣，對而畏死，不對不知子之心者。尚爲人也，仁且智，來之必入；胥爲人也，勇且智，來必不入。胥且奔吴邦，君王必早閉而晏開，胥將使邊境有大憂。』

於是王即使使者召子尚於吴，曰：『子父有罪，子入，則免

之，不入，則殺之。』子胥聞之，使人告子尚於吴：『吾聞荆平王召子，子必毋入。胥聞之，入者窮，出者報仇。入者皆死，是不智也。死而不報父之仇，是非勇也。』子尚對曰：『入則免父之死，不入則不仁。愛身之死，絶父之望，賢士不爲也。意不同，謀不合，子其居，尚請入。』

荆平王復使使者召子胥於鄭，曰：『子入，則免父死，不入，則殺之。』子胥介胄彀弓，出見使者，謝曰：『介胄之士，固不拜矣。請有道於使者：王以奢爲無罪，赦而蓄之，其子又何適乎？』

使者還報荆平王，王知子胥不入也，殺子奢而并殺子尚。

子胥聞之，即從横嶺上大山，北望齊晉，謂其舍人曰：『去，此邦堂堂，被山帶河，其民重移。』於是乃南奔吴。至江上，見漁者，曰：『來，渡我。』漁者知其非常人也，欲往渡之，恐人知之，歌而往過之，曰：『日昭昭，侵以施，與子期甫蘆之碕。』子胥即從漁者之蘆碕。日入，漁者復歌往，曰：『心中目施，子可渡河，何爲不出？』船到即載，入船而伏。半江，而仰謂漁者曰：『子之姓爲誰？還，得報子之厚德。』漁者曰：『縱荆邦之賊者，我也，報荆邦之仇者，子也。兩而不仁，何相問姓名爲？』子胥即解其劍，以與漁者，曰：『吾先人之劍，直百金，請以與子也。』漁者曰：『吾聞荆平王有令曰：「得伍子胥者，購之千金。」今吾不欲得荆平王之千金，何以百金之劍爲？』漁者渡於于斧之津，乃發其簞飯，清其壺漿而食之，曰：『亟食而去，毋令追者及子也。』子胥曰：『諾。』子胥食已而去，顧謂漁者曰：『掩爾壺漿，無令之露。』漁者曰：『諾。』子胥行，即覆船，挾匕首自刎而死江水之中，明無泄也。

子胥遂行。至溧陽界中，見一女子擊絮於瀨水之中，子胥曰：『豈可得託食乎？』女子曰：『諾。』即發簞飯，清其壺漿而食之。子胥食已而去，謂女子曰：『掩爾壺漿，毋令之露。』女子曰：『諾。』子胥行五步，還顧，女子自縱於瀨水之中而死。

子胥遂行。至吳。徒跣被髮，乞於吳市三日，市正疑之，而道於闔廬曰：『市中有非常人，徒跣被髮，乞於吳市三日矣。』闔廬曰：『吾聞荊平王殺其臣伍子奢而非其罪，其子子胥勇且智，彼必經諸侯之邦可以報其父仇者。』王即使召子胥。入，吳王下階迎而唁，數之曰：『吾知子非恒人也，何素窮如此？』子胥跪而垂泣曰：『胥父無罪而平王殺之，而并其子尚。子胥遯逃出走，唯大王可以歸骸骨者，惟大王哀之。』吳王曰：『諾。』上殿與語，三日三夜，語無復者。王乃號令邦中：『無貴賤長少，有不聽子胥之教者，猶不聽寡人也，罪至死，不赦。』

子胥居吳三年，大得吳衆。闔廬將爲之報仇，子胥曰：『不可。臣聞諸侯不爲匹夫興師。』於是止。其後荊將伐蔡，子胥言之闔廬，即使子胥救蔡而伐荊。十五戰，十五勝。荊平王已死，子胥將卒六千，操鞭捶笞平王之墓而數之曰：『昔者吾先人無罪而子殺之，今此報子也。』

後，子昭王、臣司馬子期、令尹子西歸，相與計謀：『子胥不死，又不入荊，邦猶未得安，爲之奈何？莫若求之而與之同邦乎？』昭王乃使使者報子胥於吳，曰：『昔者吾先人殺子之父，而非其罪也。寡人尚少，未有所識也。今子大夫報寡人也特甚，然寡人亦不敢怨子。今子大夫何不來歸子故墳墓丘冢爲？我邦雖小，與子同有之，民雖少，與子同使之。』子胥曰：『以此爲名，名即章，以此爲利，利即重矣。前爲父報仇，後求其利，賢者不爲也。父已死，子食其祿，非父之義也。』使者遂還，乃報荆昭王曰：『子胥不入荆邦，明矣。』

越絶卷第二

越絶外傳記吴地傳第三

昔者，吴之先君太伯，周之世，武王封太伯於吴，到夫差，計二十六世，且千歲。闔廬之時，大霸，築吴越城。城中有小城二。徙治胥山。後二世而至夫差，立二十三年，越王句踐滅之。

闔廬宫，在高平里。

射臺二，一在華池昌里，一在安陽里。

南城宫，在長樂里，東到春申君府。

秋冬治城中，春夏治姑胥之臺。旦食於紐山，晝游於胥母，射於軀陂，馳於游臺，興樂越，走犬長洲。

吴王大霸，楚昭王、孔子時也。

吴大城，周四十七里二百一十步二尺。陸門八，其二有樓。水門八。南面十里四十二步五尺，西面七里百一十二步三尺，北面八里二百二十六步三尺，東面十一里七十九步一尺。闔廬所造也。吴郭周六十八里六十步。

吴小城，周十二里。其下廣二丈七尺，高四丈七尺。門三，皆有樓，其二增水門二，其一有樓，一增柴路。

東宮周一里二百七十步。路西宮在長秋，周一里二十六步。

秦始皇帝十一年，守宮者照燕失火，燒之。

伍子胥城，周九里二百七十步。

小城東西從武里，面從小城北。

邑中徑，從閶門到婁門，九里七十二步，陸道廣二十三步；平門到蛇門，十里七十五步，陸道廣三十三步。水道廣二十八步。

吳古故陸道，出胥門，奏出土山，度灌邑，奏高頸，過猶山，奏太湖，隨北顧以西，度陽下溪，過歷山陽、龍尾西大決，通安湖。

吳古故水道，出平門，上郭池，入瀆，出巢湖，上歷地，過梅亭，入楊湖，出漁浦，入大江，奏廣陵。

吳古故從由拳辟塞，度會夷，奏山陰。辟塞者，吳備候塞也。

居東城者，闔廬所游城也，去縣二十里。

柴碎亭到語兒就李，吳侵以爲戰地。

百尺瀆，奏江，吳以達糧。

千里廬虛者，闔廬以鑄干將劍。歐冶僮女三百人。去縣二里，南達江。

閶門外高頸山東桓石人，古者名『石公』，去縣二十里。

閶門外郭中冢者，闔廬冰室也。

闔廬冢，在閶門外，名虎丘。下池廣六十步，水深丈五尺。銅槨三重。澒池六尺。玉鳧之流，扁諸之劍三千，方圓之口三千。時耗、魚腸之劍在焉。十萬人築治之。取土臨湖口。葬三日而白虎居上，故號爲虎丘。

虎丘北莫格冢，古賢者避世冢，去縣二十里。

被奏冢，鄧大冢是也，去縣四十里。

闔廬子女冢，在閶門外道北。下方池廣四十八步，水深二丈五尺。池廣六十步，水深丈五寸。隧出廟路以南，通姑胥門。并周六里。舞鶴吴市，殺生以送死。

餘杭城者，襄王時神女所葬也。神多靈。

巫門外麋湖西城，越宋王城也。時與摇城王周宋君戰於語招，殺周宋君。毋頭騎歸，至武里死亡，葬武里南城。午日死也。

巫門外冢者，闔廬冰室也。

巫門外大冢，吴王客齊孫武冢也，去縣十里。善爲兵法。

蛇門外塘波洋中世子塘者，故曰王世子造以爲田。塘去縣二十五里。

洋中塘，去縣二十六里。

蛇門外大丘，吳王不審名冢也，去縣十五里。

築塘北山者，吳王不審名冢也，去縣二十里。

巫門外欐溪櫝中連鄉大丘者，吳故神巫所葬也，去縣十五里。

婁門外馬亭溪上復城者，故越王餘復君所治也，去縣八十里。是時烈王歸於越，所載襄王之後，不可繼述。其事書之馬亭溪。

婁門外鴻城者，故越王城也，去縣百五十里。

婁門外雞陂墟，故吳王所畜雞處，使李保養之，去縣二十里。

胥門外有九曲路，闔廬造以游姑胥之臺，以望太湖中，闚百姓。去縣三十里。

齊門，闔廬伐齊，大克，取齊王女爲質子，爲造齊門，置於水海虚。其臺在車道左、水海右。去縣七十里。齊女思其國死，葬虞西山。

吳北野禺櫟東所舍大畽者，吳王田也，去縣八十里。

吳西野鹿陂者，吳王田也。今分爲耦瀆，胥卑虚，去縣二十里。

吳北野胥主畽者，吳王女胥主田也，去縣八十里。

麋湖城者，闔廬所置麋也，去縣五十里。

欐溪城者，闔廬所置船宮也。闔廬所造。

婁門外力士者，闔廬所造，以備外越。

巫欐城者，闔廬所置諸侯遠客離城也，去縣十五里。

由鍾窮隆山者，古赤松子所取赤石脂也，去縣二十里。子胥死，民思祭之。

莋碓山，故爲鶴阜山，禹游天下，引湖中柯山置之鶴阜，更名莋碓。

放山者，在莋碓山南。以取長之莋碓山下，故有鄉名莋邑。吴王惡其名，内郭中，名通陵鄉。

莋碓山南有大石，古者名爲『墜星』，去縣二十里。

撫侯山者，故闔廬治以諸侯冢次，去縣二十里。

吴東徐亭東西南北通溪者，越荆王所置，與麋湖相通也。

馬安溪上干城者，越干王之城也，去縣七十里。

巫門外冤山大冢，故越王王史冢也，去縣二十里。

摇城者，吴王子居焉，後越摇王居之。稻田三百頃，在邑東南，肥饒，水絶。去縣五十里。

胥女大冢，吴王不審名冢也，去縣四十五里。

蒲姑大冢，吴王不審名冢也，去縣三十里。

石城者，吴王闔廬所置美人離城也，去縣七十里。

通江南陵，摇越所鑿，以伐上舍君。去縣五十里。

婁東十里坑者，古名長人坑，從海上來。去縣十里。

海鹽縣，始爲武原鄉。

婁北武城，闔廬所以候外越也，去縣三十里。今爲鄉也。

宿甲者，吴宿兵候外越也，去縣百里。其東大冢，摇王冢也。

烏程、餘杭、黝、歙、無湖、石城縣以南，皆故大越徙民也。秦始皇帝刻石徙之。

烏傷縣常山，古人所採藥也，高且神。

齊鄉，周十里二百一十步，其城六里三十步，牆高丈二尺，百七十步，竹格門三，其二有屋。

虞山者，巫咸所出也。虞故神出奇怪。去縣百五里。

母陵道，陽朔三年太守周君造陵道語昭。郭周十里百一十步，牆高丈二尺。陵門四，皆有屋。水門二。

無錫城，周二里十九步，高二丈七尺，門一樓四。其郭周十一里百二十八步，牆一丈七尺，門皆有屋。

無錫歷山，春申君時盛祠以牛，立無錫塘。去吴百二十里。

無錫湖者，春申君治以爲陂，鑿語昭瀆以東到大田。田名胥卑。鑿胥卑下以南注大湖，以寫西野。去縣三十五里。

無錫西龍尾陵道者，春申君初封吳所造也。屬於無錫縣。以奏吳北野胥主疁。

曲阿，故爲雲陽縣。

毗陵，故爲延陵，吳季子所居。

毗陵縣南城，故古淹君地也。東南大冢，淹君子女冢也。去縣十八里。吳所葬。

毗陵上湖中冢者，延陵季子冢也，去縣七十里。上湖通上洲。季子冢古名延陵墟。

蒸山南面夏駕大冢者，越王不審名冢，去縣三十五里。

秦餘杭山者，越王棲吳夫差山也，去縣五十里。山有湖水，近太湖。

夫差冢，在猶亭西卑猶位。越王候干戈人一累土以葬之。近太湖，去縣十七里。

三臺者，太宰嚭、逢同妻子死所在也，去縣十七里。

太湖，周三萬六千頃。其千頃，烏程也。去縣五十里。

無錫湖，周萬五千頃。其一千三頃，毗陵上湖也。去縣五十里。一名射貴湖。
尸湖，周二千二百頃，去縣百七十里。
小湖，周千三百二十頃，去縣百里。
耆湖，周六萬五千頃，去縣百二十里。
乘湖，周五百頃，去縣五里。
猶湖，周三百二十頃，去縣十七里。
語昭湖，周二百八十頃，去縣五十里。
作湖，周百八十頃，聚魚多物，去縣五十五里。
昆湖，周七十六頃一畝，去縣一百七十五里。一名隱湖。

湖王湖，當問之。
丹湖，當問之。
吴古故祠江漢於棠浦東，江南爲方牆，以利朝夕水。古太伯君吴，到闔廬時絶。
胥女南小蜀山，春申君客衛公子冢也，去縣三十五里。
白石山，故爲胥女山，春申君初封吴，過，更名爲白石。去縣四十里。
今太守舍者，春申君所造，後殿屋以爲桃夏宫。
今宫者，春申君子假君宫也。前殿屋蓋地東西十七丈五尺，南北十五丈七尺。堂高四丈，十霤高丈八尺。殿屋蓋地東西十五丈，南北十丈二尺七寸。户霤高丈二尺。庫東鄉屋南北四十丈八尺，上下户各二。南鄉屋東西六十四丈四尺，上户四，下户三。西鄉屋南北四十二丈九尺，上户三，下户二。凡百四十九丈一尺。檐高五丈二尺。霤高二丈九尺。周一里二百四十一步。春申君所造。

吳兩倉，春申君所造。西倉名曰均輸，東倉周一里八步。後燒。更始五年，太守李君治東倉爲屬縣屋，不成。

吳市者，春申君所造，闕兩城以爲市。在湖里。

吳諸里大閈，春申君所造。

吳獄庭，周三里，春申君時造。

土山者，春申君時治以爲貴人冢次，去縣十六里。

楚門，春申君所造。楚人從之，故爲楚門。

路丘大冢，春申君客冢。不立，以道終之。去縣十里。

春申君，楚考烈王相也。烈王死，幽王立，封春申君於吳。三年，幽王徵春申爲楚令尹，春申君自使其子爲假君治吳。十一年，幽王徵假君與春申君，并殺之。二君治吳凡十四年。後十六年，秦始皇并楚，百越叛去，更名大越爲山陰也。春申君姓黃，名歎。

巫門外罘罳者，春申君去吳，假君所思處也。去縣二十三里。

壽春東鳧陵亢者，古諸侯王所葬也。楚威王與越王無疆並。威王後烈王，子幽王，後懷王也。懷王子頃襄王也，秦始皇滅之。秦始皇造道陵南，可通陵道，到由拳塞，同起馬塘，湛以爲陂，治陵水道到錢唐，越地，通浙江。秦始皇發會稽適戍卒，治通陵高以南陵道，縣相屬。

秦始皇帝三十七年，壞諸侯郡縣城。

太守府大殿者，秦始皇刻石所起也。到更始元年，太守許時燒。六年十二月乙卯鑿官池，東西十五丈七尺，南北三十丈。

漢高帝封有功，劉賈爲荆王，并有吳。賈築吳市西城，名曰定錯城，屬小城，北到平門，丁將軍築治之。十一年，淮南王反，殺劉賈。後十年，高皇帝更封兄子濞爲吳王，治廣陵，并有吳。立二十一年，東渡之吳，十日還去。立四十二年，反。西到陳留縣，還奔丹陽，從東歐。越王弟夷烏將軍殺濞。東歐王爲彭澤王，夷烏將軍今爲平都王。濞父字爲仲。

匠門外信士里東廣平地者，吳王濞時宗廟也。太公、高祖在西，孝文在東。去縣五里。永光四年，孝元帝時，貢大夫請罷之。

桑里東今舍西者，故吴所畜牛、羊、豕、雞也，名爲牛宫。今以爲園。

漢文帝前九年，會稽並故鄣郡。太守治故鄣，都尉治山陰。前十六年，太守治吴郡，都尉治錢唐。

漢孝景帝五年五月，會稽屬漢。屬漢者，始并事也。漢孝武帝元封元年，陽都侯歸義，置由鍾。由鍾初立，去縣五十里。

漢孝武元封二年，故鄣以爲丹陽郡。

天漢五年四月，錢唐浙江岑石不見，到七年，岑石復見。

越王句踐徙瑯邪，凡二百四十年，楚考烈王并越於瑯邪。後四十餘年，秦并楚。復四十年，漢并秦。到今二百四十二年。句踐徙瑯邪到建武二十八年，凡五百六十七年。

越絶卷第三

越絶吴内傳第四

吴何以稱人乎？夷狄之也。憂中邦奈何乎？伍子胥父誅於楚，子胥挾弓，身干闔廬。闔廬曰：『士之甚，勇之甚。』將爲之報仇。子胥曰：『不可，諸侯不爲匹夫報仇。臣聞事君猶事父也，虧君之行，報父之仇，不可。』於是止。

蔡昭公南朝楚，被羔裘，囊瓦求之，昭公不與。即拘昭公南郢，三年然後歸之。昭公去，至河，用事曰：『天下誰能伐楚乎？

寡人願爲前列！』楚聞之，使囊瓦興師伐蔡。昭公聞子胥在吴，請救蔡。子胥於是報闔廬曰：『蔡公南朝，被羔裘，囊瓦求之，蔡公不與，拘蔡公三年，然後歸之。蔡公至河，曰：「天下誰能伐楚者乎？寡人願爲前列。」楚聞之，使囊瓦興師伐蔡。蔡非有罪，楚爲無道。君若有憂中國之事意者，時可矣。』闔廬於是使子胥興師，救蔡而伐楚。楚王已死，子胥將卒六千人，操鞭笞平王之墳，曰：『昔者吾先君無罪，而子殺之，今此以報子也！』君舍君室，大夫舍大夫室，蓋有妻楚王母者。

囊瓦者何？楚之相也。郢者何？楚王治處也。吴師何以稱人？吴者，夷狄也，而救中邦，稱人，賤之也。

越王句踐欲伐吴王闔廬，范蠡諫曰：『不可。臣聞之，天貴持盈，持盈者，言不失陰陽、日月、星辰之綱紀。地貴定傾，定傾者，言地之長生，丘陵平均，無不得宜。故曰地貴定傾。人貴節事，節事者，言王者已下，公卿大夫，當調陰陽，和順天下。事來應之，物來知之，天下莫不盡其忠信，從其政教，謂之節事。節事者，至事之要也。天道盈而不溢、盛而不驕者，言天生萬物，以養天下。蠉飛蠕動，各得其性。春生夏長，秋收冬藏，不失其常。故曰天道盈而不溢、盛而不驕者也。地道施而不德、勞而不矜，其功者也，言地生長五穀，持養萬物，功盈德博，是所施而不德、勞而不矜其功者矣。言天地之施，大而不有功者也。人道不逆四時者，言王者以下，至於庶人，皆當和陰陽四時之變，順之者有福，逆之者有殃。故曰人道不逆四時之謂也。因惛視動者，言存亡吉凶之應，善惡之叙，必有漸也。天道未作，不先爲客者。』

范蠡值吴伍子胥教化，天下從之，未有死亡之失，故以天道未作，不先爲客。言客者，去其國，入人國。地兆未發，不先動衆，言王者以下，至於庶人，非暮春中夏之時，不可以種五穀、興土利，國家不見死亡之失，不可伐也。故地兆未發，不先動衆，此之謂也。

吴人敗於就李，吴之戰地。敗者，言越之伐吴，未戰，吴闔廬卒，敗而去也。卒者，闔廬死也。天子稱崩，諸侯稱薨，大夫稱卒，士稱不禄。闔廬，諸侯也，不稱薨而稱卒者，何也？當此之時，上無明天子，下無賢方伯，諸侯力政，彊者爲君。南夷與北狄交爭，中國不絶如綫矣。臣弑君，子弑父，天下莫能禁止。於是孔子作《春秋》，方據魯以王。故諸侯死皆稱卒，不稱薨，避魯之謚也。

晉公子重耳之時，天子微弱，諸侯力政，彊者爲君。文公爲所侵暴，失邦，奔於翟。三月得反國政，敬賢明法，率諸侯朝天子，於是諸侯皆從，天子乃尊。此所謂晉公子重耳反國定天下。

齊公子小白，亦反齊國而匡天下者。齊大夫無知，弑其君諸兒。其子二人出奔。公子糾奔魯。魯者，公子糾母之邦。小白奔莒，莒者，小白母之邦也。齊大臣鮑叔牙爲報仇，殺無知，故興師之魯，聘公子糾以爲君。魯莊公不與。莊公，魯君也，曰：『使齊以國事魯，我與汝君。不以國事魯，我不與汝君。』於是鮑叔牙還師之莒，取小白，立爲齊君。小白反國，用管仲，九合諸侯，一匡天下，故爲桓公。此之謂也。

堯有不慈之名。堯太子丹朱倨驕，懷禽獸之心，堯知不可用，退丹朱而以天下傳舜。此之謂堯有不慈之名。

舜有不孝之行。舜親父假母，母常殺舜。舜去，耕歷山。三年大熟，身自外養，父母皆饑。舜父頑，母嚚，兄狂，弟敖。舜求爲變心易志。舜爲瞽瞍子也，瞽瞍欲殺舜，未嘗可得。呼而使之，未嘗不在側。此舜有不孝之行。舜用其仇而王天下者，言舜父瞽瞍，用其後妻，常欲殺舜，舜不爲失孝行，天下稱之。堯聞其賢，遂以天下傳之。此爲王天下。仇者，舜後母也。

桓公召其賊而霸諸侯者，管仲臣於桓公兄公子糾，糾與桓爭國，管仲張弓射桓公，中其帶鉤，桓公受之，赦其大罪，立爲齊相。天下莫不向服慕義。是謂召其賊霸諸侯也。

夏啓獻犧於益。啓者，禹之子。益與禹臣於舜，舜傳之禹，薦益而封之百里。禹崩，啓立，曉知王事，達於君臣之義。益死之後，啓歲善犧牲以祠之。經曰：『夏啓善犧於益。』此之謂也。

湯獻牛荆之伯。之伯者，荆州之君也。湯行仁義，敬鬼神，天下皆一心歸之。當是時，荆伯未從也，湯於是乃飾犧牛以事荆伯乃媿然曰：『失事聖人禮。』乃委其誠心。此謂湯獻牛荆之伯也。

越王句踐反國六年，皆得士民之衆，而欲伐吴。於是乃使之維甲。維甲者，治甲系斷。修内矛赤雞稽繇者也，越人謂『人鎩』也。方舟航買儀塵者，越人往如江也。治須慮者，越人謂船爲『須慮』。亟怒紛紛者，怒貌也，怒至。士擊高文者，躍勇士也。習之於夷。夷，海也。宿之於萊。萊，野也。致之於單。單者，堵也。

舜之時，鯀不從令。堯遭帝嚳之後亂，洪水滔天，堯使鯀治之，九年弗能治。堯七十年而得舜，舜明知人情，審於地形，知鯀不能治，數諫不去，堯殛之羽山。此之謂舜之時，鯀不從令也。

殷湯遭夏桀無道，殘賊天下，於是湯用伊尹，行至聖之心。見桀無道虐行，故伐夏放桀，而王道興躍。革亂補弊，移風易俗，改制作新，海内畢貢，天下承風。湯以文聖，此之謂也。

文王以務争者，紂爲天下，殘賊奢佚，不顧邦政。文王百里，見紂無道，誅殺無刑，賞賜不當，文王以聖事紂，天下皆盡誠知其賢聖，從之。此謂文王以務争也。紂以惡刑争，文王行至聖，以仁義争，此之謂也。

武王以禮信。文王死九年，天下八百諸侯，皆一旦會於孟津之上。不言同辭，不呼自來，盡知武王忠信，欲從武王，與之伐紂。當是時，比干、箕子、微子尚在，武王賢之，未敢伐也，還諸侯。歸二年，紂賊比干，囚箕子，微子去之。刳妊婦，殘朝涉。武王見賢臣已亡，乃朝天下，興師伐紂，殺之。武王未下車，封比干之墓，發太倉之粟，以贍天下，封微子於宋。此武王以禮信也。

周公以盛德。武王封周公，使傅相成王。成王少，周公臣事之。當是之時，賞賜不加於無功，刑罰不加於無罪。天下家給人足，禾麥茂美。使人以時，説之以禮。上順天地，澤及夷狄。於是管叔、蔡叔不知周公而讒之成王。周公乃辭位，出，巡狩於邊一年。天暴風雨，日夜不休，五穀不生，樹木盡偃。成王大恐，乃發金縢之櫃，察周公之册，知周公有盛德。王乃夜迎周公，流涕而行。周公反國，天應之福。五穀皆生，樹木皆起，天下皆實。此周公之盛德也。

越絶卷第四

越絶計倪内經第五

昔者，越王句踐既得反國，欲陰謀吴。乃召計倪而問焉，曰：『吾欲伐吴，恐弗能取。山林幽冥，不知利害所在。西則迫江，東則薄海，水屬蒼天，下不知所止。交錯相過，波濤濬流，沈而復起，因復相還。浩浩之水，朝夕既有時，動作若驚駭，聲音若雷霆。波濤援而起，船失不能救，未知命之所維。念樓船之苦，涕泣不可止。非不欲爲也，時返不知所在，謀不成而息，恐爲天下咎。以敵攻敵，未知誰負。大邦既已備，小邑既已保，五穀既已收。野無積庾，廪糧則不屬，無所安取？恐津梁之不通，勞軍紆吾糧道。吾聞先生明於時交，察於道理，恐動而無功，故問其道。』計倪對曰：『是固不可。興師者必先蓄積食、錢、布、帛。不先蓄積，士卒數饑。饑則易傷，重遲不可戰。戰則耳目不聰明，耳不能聽，視不能見，什部之不能使，退之不能解，進之不能行。饑饉不可以動，神氣去而萬里。伏弩而乳，郅頭而皇皇。彊弩不彀，發不能當。旁軍見弱，走之如犬逐羊。靡從部分，伏地而死，前頓後僵。與人同時而戰，獨受天之殃。未必天之罪也，亦在其將。王興師以年數，恐一旦而亡。失邦無明，筋骨爲野。』越王曰：『善。請問其方。吾聞先生明於治歲，萬物盡長。欲聞其治術，可以爲教常。子明以告我，寡人弗敢忘。』

計倪對曰：『人之生無幾，必先憂積蓄，以備妖祥。凡人生或老或弱，或彊或怯，不早備生，不能相葬。王其審之。必先省賦斂，勸農桑。饑饉在問，或水或塘。因熟積以備四方。師出無時，未知所當。應變而動，隨物常羊。卒然有師，彼日以弱，我日以彊。得世之和，擅世之陽，王無忽忘。慎無如會稽之饑，不可再更。王其審之。嘗言息貨，王不聽，臣故退而不言，處於吴、楚、越之間，以魚三邦之利，乃知天下之易反也。臣聞君自耕，夫人自織，此竭於庸力，而不斷時與智也。時斷則循，智斷則備。知此二者，形於體萬物之情，短長逆順，可觀而已。臣聞炎帝有天下，以傳黄帝。黄帝於是上事天，下治地。故少昊治西方，蚩尤佐之，使主金。玄冥治北方，白辨佐之，使主水。太皞治東方，袁何佐之，使主木。祝融治南方，僕程佐之，使主火。后土治中央，后稷佐之，使主土。並有五方，以爲綱紀。是以易地而輔，萬物之常。王審用臣之議，大則可以王，小則可以霸，於何有哉？』

越王曰：『請問其要。』計倪對曰：『太陰三歲處金則穰，三歲處水則毁，三歲處木則康，三歲處火則旱。故散有時積，糴有時領，則決萬物不過三歲而發矣。以智論之，以決斷之，以道佐之。斷長續短，一歲再倍，其次一倍，其次而反。水則資車，旱則資舟，物之理也。天下六歲一穰，六歲一康，凡十二歲一饑，是以民相離也。故聖人早知天地之反，爲之預備。故湯之時，比七年旱而民不饑，禹之時，比九年水而民不流。其主能通習源流，以任賢使能，則轉轂乎千里外，貨可來也。不習，則百里之内，不可致也。人主所求，其價十倍，其所擇者，則無價矣。夫人主利源流，非必身爲之也。視民所不足，及其有餘，爲之命以利之，而來諸侯。守法度，任賢使能，償其成事，傳其驗而已。如此，則邦富兵强而不衰矣。群臣無空恭之禮、淫佚之行，務有於道術。不習源流，又不任賢使能，諫者則誅，則邦貧兵弱。刑繁，則群臣多空恭之禮、淫佚之行矣。夫諛者反有德，忠者反有刑，去刑就德，人之情也，邦貧兵弱致亂，雖有聖臣，亦不諫也，務在諛主而已矣。今夫萬民有明父母，亦如邦有明主。父母利源流，明其法術，以任賢子，賢子徹成其事而已，則家富而不衰矣。不能利源流，又不任賢子，賢子有諫者憎之，如此者，不習於道術也。愈信其意而行其言，後雖有敗，不自過也。夫父子之爲親也，非得不諫。諫而不聽，家貧致亂，雖有聖子，亦不治也，務在於諛之而已。父子不和，兄弟不調，雖欲富也，必貧而日衰。』

越王曰：『善。子何年少，於物之長也？』計倪對曰：『人固不同。慧種生聖，癡種生狂。桂實生桂，桐實生桐。先生者未必能知，後生者未必不能明。是故聖主置臣不以少長，有道者進，無道者退。愚者日以退，聖者日以長，人主無私，賞者有功。』

越王曰：『善。論事若是，其審也。物有妖祥乎？』計倪對曰：『有。陰陽萬物，各有紀綱。日月、星辰、刑德，變爲吉凶，金木水火土更勝，月朔更建，莫主其常。順之有德，逆之有殃。是故聖人能明其刑而處其鄉，從其德而避其衡。凡舉百事，必順天地四時，參以陰陽。用之不審，舉事有殃。人生不如卧之頃也，欲變天地之常，數發無道，故貧而命不長。是聖人并苞而陰行之，以感愚夫。衆人容容，盡欲富貴，莫知其鄉。』越王曰：『善，請問其方。』計倪對曰：『從寅至未，陽也。太陰在陽，歲德在陰，歲美在是。聖人動而應之，制其收發。常以太陰在陰而發，陰且盡之歲，亟賣六畜貨財，以益收五穀，以應陽之至也。陽且盡之歲，亟發糴，以收田宅、牛馬，積斂貨財，聚棺木，以應陰之至也。此皆十倍者也。其次五倍。天有時而散，是故聖人反其刑，順其衡，收聚而不散。』

越王曰：『善。今歲比熟，尚有貧乞者，何也？』計倪對曰：『是故不等，猶同母之人，異父之子，動作不同術，貧富故不等。如此者，積負於人，不能救其前後。志意侵下，作務日給，非有道術，又無上賜，貧乏故長久。』越王曰：『善。大夫佚同、若成，嘗與孤議於會稽石室，孤非其言也。今大夫言獨與孤比，請遂受教焉。』計倪曰：『糴石二十則傷農，九十則病末。農傷則草木不辟，末病則貨不出。故糴高不過八十，下不過三十，農末俱利矣。故古之治邦者本之，貨物官市開而至。』越王曰：『善。』計倪乃傳其教而圖之，曰：『審金木水火，別陰陽之明，用此不患無功。』越王曰：『善。從今以來，傳之後世以爲教。』

乃著其法，治牧江南，七年而禽吴也。甲貨之户曰粢，爲上物，賈七十。乙貨之户曰黍，爲中物，石六十。丙貨之户曰赤豆，爲下物，石五十。丁貨之户曰稻粟，令爲上種，石四十。戊貨之户曰麥，爲中物，石三十。己貨之户曰大豆，爲下物，石二十。庚貨之户曰穬，比疏食，故無賈。辛貨之户曰菓，比疏食，無賈。壬、癸無貨。

越絶卷第五

越絶請糴内傳第六

昔者，越王句踐與吴王夫差戰，大敗，保棲於會稽山上，乃使大夫種求行成於吴。吴許之。越王去會稽，入官於吴。三年，吴王歸之。大夫種始謀曰：『昔者吴夫差不顧義而媿吾王。種觀夫吴甚富而財有餘，其刑繁法逆，民習於戰守，莫不知也。其大臣好相傷，莫能信也。其德衰而民好負善。且夫吴王又喜安佚而不聽諫，細誣而寡智，信讒諛而遠士，數傷人而亟亡之，少明而不信人，希須臾之名而不顧後患。君王盍少求卜焉？』越王曰：『善。卜之道何若？』大夫種對曰：『君王卑身重禮，以素忠爲信，以請糴於吴，天若棄之，吴必許諾。』

於是乃卑身重禮，以素忠爲信，以請於吴。將與，申胥進諫曰：『不可。夫王與越也，接地鄰境，道徑通達，仇讎敵戰之邦，三江環之，其民無所移，非吴有越，越必有吴。且夫君王兼利而弗取，輸之粟與財，財去而凶來，凶來而民怨其上，是養寇而貧邦家也。與之不爲德，不若止。且越王有智臣曰范蠡，勇而善謀，將修士卒，飾戰具，以伺吾間也。胥聞之，夫越王之謀，非有忠素。請糴也，將以此試我，以此卜要君王，以求益親，安君王之志。我君王不知省也而救之，是越之福也。』吳王曰：『我卑服越，有其社稷。句踐既服爲臣，爲我駕舍，却行馬前，諸侯莫不聞知。今以越之饑，吾與之食，我知句踐必不敢。』申胥曰：『越無罪，吾君王急之，不遂絶其命，又聽其言，此天之所反也。忠諫者逆，而諛諫者反親。今狐雉之戲也，狐體卑而雉懼之。夫獸虫尚以詐相就，而况於人乎？』吳王曰：『越王句踐有急，而寡人與之，其德章而未靡，句踐其敢與諸侯反我乎？』申胥曰：『臣聞聖人有急，則不羞爲人臣僕，而志氣見人。今越王爲吾蒲伏約辭，服爲臣下，其執禮過，吾君不知省也而已，故勝威之。臣聞狼子野心，仇讎之人，不可親也。夫鼠忘壁，壁不忘鼠，今越人不忘吳矣！胥聞之，拂勝，則社稷固，諛勝，則社稷危。胥，先王之老臣，不忠不信，則不得爲先王之老臣。君王胡不覽觀夫武王之伐紂也？今不出數年，鹿豕游於姑胥之臺矣。』

太宰嚭從旁對曰：『武王非紂臣耶？率諸侯以殺其君，雖勝，可謂義乎？』申胥曰：『武王則已成名矣。』太宰嚭曰：『親僇主成名，弗忍行。』申胥曰：『美惡相入，或甚美以亡，或甚惡以昌，故在前世矣。嚭何惑吾君王也？』太宰嚭曰：『申胥爲人臣也，辨其君何必翽翽乎？』申胥曰：『太宰嚭面諛以求親，乘吾君王，幣帛以求，威諸侯以成富焉。今我以忠辨吾君王。譬浴嬰兒，雖啼勿聽，彼將有厚利。嚭無乃諛吾君王之欲，而不顧後患乎？』吴王曰：「嚭止。子無乃向寡人之欲乎？此非忠臣之道。』太宰嚭曰：『臣聞春日將至，百草從時。君王動大事，群臣竭力以佐謀。』

因遜遯之舍，使人微告申胥於吴王曰：『申胥進諫，外貌類親，中情甚疏，類有外心。君王常親睹其言也，胥則無父子之親、君臣之施矣。』吴王曰：『夫申胥，先王之忠臣，天下之健士也。胥殆不然乎哉！子毋以事相差，毋以私相傷，以動寡人，此非子所能行也。』太宰嚭對曰：『臣聞父子之親，張户别居，贈臣妾、馬牛，其志加親，若不與一錢，其志斯疏。父子之親猶然，而况於士乎？且有知不竭，是不忠，竭而顧難，是不勇，下而令上，是無法。』

吴王乃聽太宰嚭之言，果與粟。申胥遜遯之舍，嘆曰：『於乎嗟！君王不圖社稷之危，而聽一日之説。弗對，以斥傷大臣，而王用之。不聽輔弼之臣，而信讒諛容身之徒，是命短矣！以爲不信。胥願廓目於邦門，以觀吴邦之大敗也。越人之入，我王親爲禽哉！』

太宰嚭之交逢同，謂太宰嚭曰：『子難人申胥，請爲卜焉。』因往見申胥，胥方與被離坐。申胥謂逢同曰：『子事太宰嚭，又不圖邦權而惑吾君王，君王之不省也，而聽衆彘之言。君王忘邦，嚭之罪也。亡日不久也。』逢同出，造太宰嚭曰：『今日爲子卜於申胥，胥誹謗其君不用胥，則無後。而君王覺而遇矣。』謂太宰嚭曰：『子勉事後矣。吳王之情在子乎？』太宰嚭曰：『智之所生，不在貴賤長少，此相與之道。』

逢同出見吳王，慚然有憂色。逢同垂泣不對。吳王曰：『夫嚭，我之忠臣，子爲寡人游目長耳，將誰怨乎？』逢同對曰：『臣有患也。臣言而君行之，則無後憂。若君王弗行，臣言而死矣！』王曰：『子言，寡人聽之。』逢同曰：『今日往見申胥，申胥與被離坐，其謀慚然，類欲有害我君王。今申胥進諫類忠，然中情至惡，內其身而心野狼。君王親之不親？逐之不逐？親之乎？彼聖人也，將更然有怨心不已。逐之乎？彼賢人也，知能害我君王。殺之爲乎？可殺之，亦必有以也。』吳王曰：『今圖申胥，將何以？』逢同對曰：『君王興兵伐齊，申胥必諫曰不可，王無聽而伐齊，必大克，乃可圖之。』

於是吴王欲伐齊。召申胥，對曰：『臣老矣，耳無聞，目無見，不可與謀。』吴王召太宰嚭而謀，嚭曰：『善哉，王興師伐齊也。越在我猶疥癬，是無能爲也。』吴王復召申胥而謀，申胥曰：『臣老矣，不可與謀。』吴王請申胥謀者三，對曰：『臣聞愚夫之言，聖主擇焉。胥聞越王句踐罷吴之年，宮有五竈，食不重味，省妻妾，不别所愛，妻操斗，身操概，自量而食，適饑不費，是人不死，必爲國害！越王句踐食不殺而饜，衣服純素，不袀不玄，帶劍以布，是人不死，必爲大故。越王句踐寢不安席，食不求飽，而善貴有道，是人不死，必爲邦寶。越王句踐衣弊而不衣新，行慶賞，不刑戮，是人不死，必成其名。越在我，猶心腹有積聚，不發則無傷，動作者有死亡。欲釋齊，以越爲憂。』吴王不聽，果興師伐齊，大克。還，以申胥爲不忠，賜劍殺申胥，髡被離。

申胥且死，曰：『昔者桀殺關龍逢，紂殺王子比干。今吴殺臣，參桀紂而顯吴邦之亡也。』王孫駱聞之，旦即不朝。王召駱而問之：『子何非寡人而旦不朝？』王孫駱對曰：『臣不敢有非，臣恐矣。』吴王曰：『子何恐？以吾殺胥爲重乎？』王孫駱對曰：『君王氣高，胥之下位而殺之，不與群臣謀之，臣是以恐矣。』王曰：『我非聽子而殺胥，胥乃圖謀寡人。』王孫駱曰：『臣聞君人者，必有敢言之臣，在上位者，必有敢言之士。如是，即慮日益進而智益生矣。胥，先王之老臣，不忠不信，不得爲先王臣矣。』王意欲殺太宰嚭，王孫駱對曰：『不可。王若殺之，是殺二胥矣。』吳王近駱如故。

太宰嚭又曰：『圖越，雖以我邦爲事，王無憂。』王曰：『寡人屬子邦，請早暮無時。』太宰嚭對曰：『臣聞駟馬方馳，驚前者斬，其數必正。若是，越難成矣。』王曰：『子制之，斷之。』

居三年，越興師伐吳，至五湖。太宰嚭率徒謂之曰。謝戰者五父。越王不忍，而欲許之。范蠡曰：『君王圖之廊廟，失之中野，可乎？謀之七年，須臾棄之。王勿許，吳易兼也。』越王曰：『諾。』居軍三月，吳自罷。太宰嚭遂亡，吳王率其有祿與賢良遯而去。越追之，至餘杭山，禽夫差，殺太宰嚭。越王謂范蠡：『殺吳王。』蠡曰：『臣不敢殺主。』王曰：『刑之。』范蠡曰：『臣不敢刑主。』越王親謂吳王曰：『昔者上蒼以越賜吳，吳不受也。夫申胥無罪，殺之。進讒諛容身之徒，殺忠信之士。大過者三，以至滅亡，子知之乎？』吳王曰：『知之。』越王與之劍，使自圖之。吳王乃旬日而自殺也。越王葬於卑猶之山，殺太宰嚭、逢同與其妻子。

越絕卷第六

越絕外傳紀策考第七

昔者，吳王闔廬始得子胥之時，甘心以賢之，以爲上客，曰：『聖人前知乎千歲，後睹萬世。深問其國，世何昧昧，得無衰極？子其精焉，寡人垂意，聽子之言。』子胥唯唯，不對。王曰：『子其明之。』子胥曰：『對而不明，恐獲其咎。』王曰：『願一言之，以試直士。夫仁者樂，知者好。誠。秉禮者探幽索隱。明告寡人。』子胥曰：『難乎言哉！邦其不長，王其圖之。存無忘傾，安無忘

亡。臣始入邦，伏見衰亡之證，當霸吳厄會之際，後王復空。』王曰：『何以言之？』子胥曰：『後必將失道。王食禽肉，坐而待死。佞諂之臣，將至不久。安危之兆，各有明紀。虹蜺牽牛，其異女，黃氣在上，青黑於下。太歲八會，壬子數九。王相之氣，自十一倍。死由無氣，如法而止。太子無氣，其異三世。日月光明，歷南斗。吳越爲鄰，同俗并土，西州大江，東絕大海，兩邦同城，相亞門户，憂在於斯，必將爲咎。越有神山，難與爲鄰。願王定之，毋洩臣言。』

吳使子胥救蔡，誅彊楚，笞平王墓，久而不去，意欲報楚。楚

乃購之千金，衆人莫能止之。有野人謂子胥曰：『止！吾是于斧掩壺漿之子，發簞飯於船中者。』子胥乃知是漁者也，引兵而還。故無往不復，何德不報。漁者一言，千金歸焉，因是還去。

范蠡興師戰於就李，闔廬見中於飛矢，子胥還師，中媿於吴，被秦號年。至夫差復霸諸侯，興師伐越，任用子胥。雖夫差驕奢，釋越之圍。子胥諫而誅。宰嚭諛心，卒以亡吴。夫差窮困，請爲匹夫。范蠡不許，滅於五湖。子胥策於吴，可謂明乎！

昔者，吴王夫差興師伐越，敗兵就李。大風發狂，日夜不止。車敗馬失，騎士墮死。大船陵居，小船没水。吴王曰：『寡人晝卧，夢見井嬴溢大，與越争彗，越將掃我，軍其凶乎？孰與師還？』此時越軍大號，夫差恐越軍入，驚駭。子胥曰：『王其勉之哉，越師敗矣！臣聞井者，人所飲，溢者，食有餘。越在南，火，吴在北，水。水制火，王何疑乎？風北來，助吴也。昔者武王伐紂時，彗星出而興周。武王問，太公曰：「臣聞以彗鬭，倒之則勝。」胥聞災異或吉或凶，物有相勝，此乃其證。願大王急行，是越將凶，吴將昌也。』

子胥至直，不同邪曲。捐軀切諫，虧命爲邦。愛君如軀，憂邦如家。是非不諱，直言不休。庶幾正君，反以見疏。讒人間之，身且以誅。范蠡聞之，以爲不通：『知數不用，知懼不去，豈謂智與？』胥聞，嘆曰：『吾背楚荆，挾弓以去，義不止窮。吾前獲功，後遇戮，非吾智衰，先遇闔廬，後遭夫差也。胥聞事君猶事父也，愛同也，嚴等也。太古以來，未嘗見人君虧恩，爲臣報仇也。臣獲大譽，功名顯著，胥知分數，終於不去。先君之功，且猶難忘，吾願腐髮弊齒，何去之有？蠡見其外，不知吾内。今雖屈寃，猶止死焉！』子貢曰：『胥執忠信，死貴於生，蠡審凶吉，去而有名，種留封侯，不知令終。二賢比德，種獨不榮。』范蠡智能同均，於是之謂也。

伍子胥父子奢，爲楚王大臣。爲世子聘秦女，夫有色，王私悦之，欲自御焉。奢盡忠入諫，守朝不休，欲匡正之。而王拒之諫，策而問之，以奢乃害於君，絶世之臣。聽讒邪之辭，係而囚之，待二子而死。尚孝而入，子胥勇而難欺。累世忠信，不遇其時，奢諫於楚，胥死於吴。《詩》云：『讒人罔極，交亂四國。』是之謂也。

太宰者，官號，嚭者，名也，伯州之孫。伯州爲楚臣，以過誅，嚭以困奔於吴。是時吴王闔廬伐楚，悉召楚仇而近之。嚭爲人覽聞辯見，目達耳通，諸事無所不知。因其時自納於吴，言伐楚之利。闔廬用之伐楚，令子胥、孫武與嚭將師入郢，有大功。還，吳王以嚭爲太宰，位高權盛，專邦之枋。未久，闔廬卒，嚭見夫差内無柱石之堅，外無斷割之勢，諛心自納，操獨斷之利，夫差終以從焉。而忠臣籥口，不得一言。嚭知往而不知來，夫差至死，悔不早誅。傳曰：『見清知濁，見曲知直，人君選士，各象其德。』夫差淺短，以是與嚭專權，伍胥爲之惑，是之謂也。

范蠡其始居楚也，生於宛橐，或伍户之虚。其爲結僮之時，一癡一醒，時人盡以爲狂。然獨有聖賢之明，人莫可與語，以内視若盲，反聽若聾。大夫種入其縣，知有賢者，未睹所在，求邑中，不得其邑人，以爲狂夫多賢士，衆賤有君子，泛求之焉。得蠡而悦，乃從官屬，問治之術。蠡修衣冠，有頃而出。進退揖讓，君子之容。終日而語，疾陳霸王之道。志合意同，胡越相從。俱見霸兆出於東南，捐其官位，相要而往臣。小有所虧，大有所成。捐止於吳。或任子胥，二人以爲胥在，無所關其辭。種曰：『今將安之？』蠡曰：『彼爲我，何邦不可乎？』去吳之越，句踐賢之。種躬正内，蠡治出外，内濁不煩，外無不得。臣主同心，遂霸越邦。種善圖始，蠡能慮終。越承二賢，邦以安寧。始有災變，蠡專其明，可謂賢焉，能屈能申。

越絶卷第七

越絶外傳記范伯第八

昔者，范蠡其始居楚，曰范伯。自謂衰賤，未嘗世祿，故自菲薄。飲食則甘天下之無味，居則安天下之賤位。復被髮佯狂，不與於世。謂大夫種曰：『三王則三皇之苗裔也，五伯乃五帝之末世也。天運歷紀，千歲一至。黄帝之元，執辰破巳。霸王之氣，見於地户。子胥以是挾弓干吳王。』於是要大夫種入吳。

此時馮同相與共戒之，伍子胥在，自與不能關其辭。蠡曰：

『吴越二邦，同氣共俗，地户之位，非吴則越。』乃入越。越王常與言盡日。大夫石買，居國有權，辯口，進曰：『衒女不貞，炫士不信。客歷諸侯，渡河津，無因自致，殆非真賢。夫和氏之璧，求者不争賈，騏驥之才，不難阻險之路。□□□□之邦，歷諸侯無所售，道聽之徒，唯大王察之。』於是范蠡退而不言，游於楚越之間。大夫種進曰：『昔者市偷自衒於晉，晉用之而勝楚，伊尹負鼎入殷，遂佐湯取天下。有智之士，不在遠近取也，謂之帝王求備者亡。《易》曰：「有高世之材，必有負俗之累；有至智之明者，必破庶衆之議。」成大功者不拘於俗，論大道者不合於衆。

唯大王察之。』

於是石買益疏。其後使將兵於外，遂爲軍士所殺。是時句踐失衆，棲於會稽之山，更用種、蠡之策，得以存。故虞舜曰：『以學乃時而行，此猶良藥也。』王曰：『石買知往而不知來，其使寡人棄賢。』後遂師二人，竟以禽吴。

子貢曰：『薦一言，得及身，任一賢，得顯名。』傷賢喪邦，蔽能有殃。負德忘恩，其反形傷。壞人之善毋後世，敗人之成天誅行。故冤子胥僇死，由重譖子胥於吴，吴虛重之，無罪而誅。傳曰：『寧失千金，毋失一人之心。』是之謂也。

越絕内傳陳成恒第九

昔者，陳成恒相齊簡公，欲爲亂，憚齊邦鮑、晏，故徙其兵而伐魯。魯君憂也。孔子患之，乃召門人弟子而謂之曰：『諸侯有相伐者，尚耻之。今魯，父母之邦也，丘墓存焉，今齊將伐之，可無一出乎？』顏淵辭出，孔子止之，子路辭出，孔子止之，子貢辭出，孔子遣之。

子貢行之齊，見陳成恒曰：『夫魯，難伐之邦，而伐之，過矣。』陳成恒曰：『魯之難伐，何也？』子貢曰：『其城薄以卑，池狹而淺，其君愚而不仁，其大臣僞而無用，其士民有惡聞甲兵之心，此不可與戰。君不如伐吴。吴城高以厚，池廣以深，甲堅以新，士選以飽，重器精弩在其中，又使明大夫守，此邦易也。君不如伐吴。』成恒忿然作色曰：『子之所難，人之所易也，子之所易，人之所難也。而以教恒，何也？』子貢對曰：『臣聞憂在内者攻彊，憂在外者攻弱。今君憂内。臣聞君三封而三不成者，大臣有不聽者也。今君破魯以廣齊，墮魯以尊臣，而君之功不與焉。是君上驕主心，下恣群臣，而求成大事，難矣。且夫上驕則犯，臣驕則争，是君上於主有郤，下與大臣交争也。如此，則君立於齊，危於重卵矣。臣故曰不如伐吴。且夫吴明猛以毅而行其令，百姓習於戰守，將明於法，齊之愚，爲禽必矣。今君悉擇四彊之中，出大臣以環之，黔首外死，大臣内空，是君上無彊臣之敵，下無黔首之士，孤立制齊者，君也。』陳恒曰：『善。雖然，吾兵已在魯之城下，若去而之吴，大臣將有疑我之心，爲之奈何？』子貢曰：『君按兵無伐，臣請見吴王，使之救魯而伐齊，君因以兵迎之。』陳成恒許諾，乃行。

子貢南見吴王，謂吴王曰：『臣聞之，王者不絶世，而霸者不彊敵，千鈞之重，加銖而移。今萬乘之齊，私千乘之魯，而與吴争彊，臣切爲君恐，且夫救魯，顯名也，而伐齊，大利也。義在存亡魯，勇在害彊齊而威申晉邦者，則王者不疑也。』吳王曰：『雖然，我常與越戰，棲之會稽。夫越君，賢主也。苦身勞力，以夜接日，内飾其政，外事諸侯，必將有報我之心。子待吾伐越而還。』子貢曰：『不可。夫越之彊不下魯，而吳之彊不過齊，君以伐越而還，即齊也亦私魯矣。且夫伐小越而畏彊齊者不勇，見小利而忘大害者不智，兩者臣無爲君取焉。且臣聞之，仁人不困厄，以廣其德，智者不棄時，以舉其功，王者不絶世，以立其義。今君存越勿毀，親四鄰以仁，救暴困齊，威申晉邦以武，救魯，毋絶周室，明諸侯以義。如此，則臣之所見，溢乎負海，必率九夷而朝，即王業成矣。且大吳畏小越如此，臣請東見越王，使之出鋭師以從下吏，是君實空越，而名從諸侯以伐也。』吳王大悦，乃行子貢。

子貢東見越王，越王聞之，除道郊迎至縣，身御子貢至舍而問曰：『此乃僻陋之邦，蠻夷之民也。大夫何索，居然而辱，乃至於此？』子貢曰：『吊君，故來。』越王句踐稽首再拜，曰：『孤聞之，禍與福爲鄰，今大夫吊孤，孤之福也，敢遂聞其説。』子貢曰：『臣今見吳王，告以救魯而伐齊。其心申，其志畏越，曰：「嘗與越戰，棲於會稽山上。夫越君，賢主也。苦身勞力，以夜接日，内飾其政，外事諸侯，必將有報我之心。子待我伐越而聽子。』且夫無報人之心而使人疑之者，拙也，有報人之心而使人知之者，殆也，事未發而聞者，危也。三者，舉事之大忌。』越王句踐稽首再拜，曰：『昔者，孤不幸少失先人，内不自量，與吴人戰，軍敗身辱，遺先人耻。遯逃出走，上棲會稽山，下守溟海，唯魚鼈是見。今大夫不辱而身見之，又出玉聲以教孤，孤賴先人之賜，敢不奉教乎？』子貢曰：『臣聞之，明主任人不失其能，直士舉賢不容於世。故臨財分利則使仁，涉危拒難則使勇，用衆治民則使賢，正天下、定諸侯則使聖人。臣竊練下吏之心，兵疆而不并弱，勢在其上位而行惡令其下者，其君幾乎？臣竊自練可以成功至王者，其唯臣幾乎？今夫吴王有伐齊之志，君無惜重器，以喜其心，毋惡卑辭，以尊其禮，則伐齊必矣。彼戰而不勝，則君之福也。彼戰而勝，必以其餘兵臨晉。臣請北見晉君，令共攻之，弱吴必矣。其騎士、鋭兵弊乎齊，重器、羽旄盡乎晉，則君制其敝，此滅吴必矣。』越王句踐稽首再拜曰：『昔者吴王分其人民之衆，以殘伐吾邦，殺敗吾民，屠吾百姓，夷吾宗廟，邦爲空棘，身爲魚鼈餌。今孤之怨吴王，深於骨髓。而孤之事吴王，如子之畏父，弟之敬兄，此孤之外言也。大夫有賜，故孤敢以疑？』請遂言之：『孤身不安床席，口不甘厚味，目不視好色，耳不聽鐘鼓者，已三年矣。焦脣乾嗌，苦心勞力，上事群臣，下養百姓。願一與吳交天下之兵於中原之野，與吳王整襟交臂而奮，吳越之士，繼蹟連死，士民流離，肝腦塗地，此孤之大願也。如此不可得也。今內自量吾國不足以傷吳，外事諸侯不能也。孤欲空邦家，措策力，變容貌，易名姓，執箕箒，養牛馬，以臣事之。孤雖要領不屬，手足異處，四支布陳，爲鄉邑笑，孤之意出焉。大夫有賜，是存亡邦而興死人也，孤賴先人之賜，敢不待命乎？』子貢曰：『夫吳王之爲人也，貪功名而不知利害。』越王慥然避位曰：『在子。』子貢曰：『賜爲君觀夫吳王之爲人，賢彊以恣下，下不能逆，數戰伐，士卒不能忍。太宰嚭爲人，智而愚，彊而弱，巧言利辭以內其身，善爲僞詐以事其君，知前而不知後，順君之過以安其私，是殘國之吏，滅君之臣也。』越王大悅。

子貢去而行，越王送之金百鎰、寶劍一、良馬二，子貢不受，遂行。

至吳，報吳王曰：『敬以下吏之言告越王，越王大恐，乃懼曰：「昔孤不幸，少失先人。內不自量，抵罪於縣。軍敗身辱，遯逃出走，棲於會稽，邦爲空棘，身爲魚鼈餌。賴大王之賜，使得奉俎豆而修祭祀。大王之賜，死且不忘，何謀敢慮？』其志甚恐，似將使使者來。』

子貢至五日，越使果至，曰：『東海役臣孤句踐使使臣種，敢修下吏問於左右：昔孤不幸，少失先人，内不自量，抵罪於縣。軍敗身辱，遯逃出走，棲於會稽。邦爲空棘，身爲魚鼈餌。賴大王之賜，使得奉俎豆而修祭祀。大王之賜，死且不忘。今竊聞大王將興大義，誅彊救弱，困暴齊而撫周室，故使越賤臣種以先人之藏器，甲二十領、屈盧之矛、步光之劍，以賀軍吏。大王將遂大義，則弊邑雖小，悉擇四疆之中，出卒三千，以從下吏，孤請自被堅執鋭，以受矢石。』吴王大悦，乃召子貢而告之曰：『越使果來，請出卒三千，其君又從之，與寡人伐齊，可乎？』子貢曰：『不可。夫空人之邦，悉人之衆，又從其君，不仁也。君受其幣，許其師，而辭其君。』吴王許諾。

子貢去之晉，謂晉君曰：『臣聞之，慮不先定不可以應卒，兵不先辨不可以勝敵。今齊吴將戰，勝則必以其兵臨晉。』晉君大恐，曰：『爲之奈何？』子貢曰：『修兵休卒以待吴，彼戰而不勝，越亂之必矣。』晉君許諾。子貢去而之魯。

吴王果興九郡之兵，而與齊大戰於艾陵，大敗齊師，獲七將，陳兵不歸。果與晉人相遇黃池之上。吴晉争疆，晉人擊之，大敗吴師。越王聞之，涉江襲吴，去邦七里而軍陣。吴王聞之，去晉從越。越王迎之，戰於五湖。三戰不勝，城門不守，遂圍王宫，殺夫差而僇其相。伐吴三年，東鄉而霸。故曰子貢一出，存魯，亂齊，破吴，疆晉，霸越，是也。